BEI GRIN MACHT SICH IHR WISSEN BEZAHLT

AF145772

- Wir veröffentlichen Ihre Hausarbeit,
  Bachelor- und Masterarbeit

- Ihr eigenes eBook und Buch -
  weltweit in allen wichtigen Shops

- Verdienen Sie an jedem Verkauf

Jetzt bei www.GRIN.com hochladen und kostenlos publizieren

Bibliografische Information der Deutschen Nationalbibliothek:

Die Deutsche Bibliothek verzeichnet diese Publikation in der Deutschen National-
bibliografie; detaillierte bibliografische Daten sind im Internet über http://dnb.d-
nb.de/ abrufbar.

Impressum:

Copyright © 2018 GRIN Verlag
Druck und Bindung: Books on Demand GmbH, Norderstedt Germany
ISBN: 9783668758377

Dieses Buch bei GRIN:

https://www.grin.com/document/434616

Benaja Rohringer

Instrumente und Ziele der Wettbewerbsanalyse in der Praxis

GRIN Verlag

GRIN - Your knowledge has value

Der GRIN Verlag publiziert seit 1998 wissenschaftliche Arbeiten von Studenten, Hochschullehrern und anderen Akademikern als eBook und gedrucktes Buch. Die Verlagswebsite www.grin.com ist die ideale Plattform zur Veröffentlichung von Hausarbeiten, Abschlussarbeiten, wissenschaftlichen Aufsätzen, Dissertationen und Fachbüchern.

Besuchen Sie uns im Internet:

http://www.grin.com/

http://www.facebook.com/grincom

http://www.twitter.com/grin_com

Transferreport
AM1: Wissenschaftliches Arbeiten, Rhetorik und Präsentationstechnik

Benaja Manuel Rohringer

Inhaltsverzeichnis

Abbildungsverzeichnis

Abkürzungsverzeichnis

Abk.	Abkürzung
...	...
z.B.	zum Beispiel
bzw.	Beziehungsweise
Prof.	Professor
Dr.	Doktor
etc.	et cetera

1   Einleitung

Die vorliegende Arbeit prüft zehn Quellen auf wissenschaftlichem Niveau zum Thema Wettbewerbsanalyse auf deren Qualität und wissenschaftliche Relevanz. Hierzu werden im Kapitel 2.1 zehn ausgewählte Quellen aufgeführt.

Die Bewertungskriterien für diese Prüfung werden im Kapitel 2.2 festgelegt und definiert. Anhand dieser Kriterien erfolgt im Kapitel 2.3 eine Bewertung dieser Quellen.

Im Kapitel 3 wird der Begriff „Wettbewerbsanalyse", anhand einiger der in Kapitel 2.1 genannten Quellen, definiert und erläutert.

Wie Wettbewerbsanalyse in der Praxis funktioniert, zeigt Kapitel 4, anhand der Ziele und der Instrumente der Wettbewerbsanalyse.

2 Bewertung der Quellen

2.1 Übersicht der zu bewertenden Quellen

Quelle 1: Bernroider, Edward (2002): Factors in SWOT Analysis Applied to Micro, Small-to-Medium, and Large Software Enterprises: An Austrian Study, in: European Management Journal Vol. 20, No. 5, October 2002.

Quelle 2: Decker, Reinhold (2007): Enzyklopädie der Betriebswirtschaftslehre, Band: Handwörterbuch der Betriebswirtschaft - Konkurrenzanalyse, 6. Auflage, Schäffer-Poeschel Verlag, Stuttgart.

Quelle 3: Hamelau, Nicole (2004): Strategische Wettbewerbsanalyse – Eine konzeptionelle Umsetzung am Beispiel der Spezialchemie, 1. Auflage, Deutscher Universitätsverlag, Wiesbaden.

Quelle 4: Kortmann, Walter (2003): Eine neue Methode für systematische Markt-, Branchen- und Wettbewerbsanalysen, 1. Auflage, Duncker & Humblot, Berlin.

Quelle 5: Porter, Michael Eugene (1998): Competitive Advantage: Creating and Sustaining Superior Performance. [2nd ed.], The Free Press, New York.

Quelle 6: Schawel, Christian / Billing, Fabian (2014): Top 100 Management Tools - Five-Forces-Modell, Springer Gabler Verlag, Wiesbaden.

Quelle 7: Suchanek, Andreas / Lin-Hi, Nick / Mecke, Ingo (2018): Version von Wettbewerb [Stand: 19.05.2018] - https://wirtschaftslexikon.gabler.de/definition/wettbewerb-48719.

Quelle 8: Wehrlin, Ulrich (2012): Competitive Intelligence: Wettbewerbsvorteile sichern durch Optimierung der strategischen Wettbewerbsposition: Wettbewerbsforschung - Umfeld- und Wettbewerbsanalyse – Informations- und Wissensmanagement – Lernprozesse – Strategisches Management, 1. Auflage, AVM – Akademische Verlagsgemeinschaft München, München.

Quelle 9: Wikipedia, https://de.wikipedia.org/wiki/Wettbewerbsanalyse, abgerufen am 29.05.2018.

Quelle 10: Wöhe, Günter / Döring, Ulrich (2013): Einführung in die allgemeine Betriebswirtschaftslehre, 25. Auflage, Verlag Franz Vahlen, München 2013.

2.2 Bewertungskriterien – Festlegung und Definition

Für die Verwendung in wissenschaftlichen Arbeiten eignet sich nicht jede Quelle. Basis für die Verwendung ist primär die Zitierfähigkeit und Zitierwürdigkeit eines Dokuments. Zitierfähigkeit ist gegeben, wenn drei wesentliche Aspekte bestätigt sind: die Quelle muss veröffentlicht, nachvollziehbar und kontrollierbar sein.

Eine Quelle gilt als veröffentlicht, wenn sie der Öffentlichkeit zugänglich gemacht wird. Bei traditionellen Werken erfolgt dies in der Regel durch das Publizieren eines Verlages oder durch eigene Publikationen. Ausgenommen hiervon sind Bachelor- und Masterarbeiten die nicht generell zitiert werden dürfen. Skripte von Dozenten, auch wenn diese an einer Hochschule zur Verfügung gestellt werden, erfüllen nicht die Anforderungen an eine Veröffentlichung.

Erfüllt eine Quelle die oben beschriebene Anforderung einer Veröffentlichung, so muss sie nun eindeutig nachvollziehbar bzw. identifizierbar sein. Der Autor muss die Möglichkeit geben, die zitierten Inhalte mit der jeweiligen Originalquelle vergleichen zu können. In der Regel ist dies durch die Informationen über Titel, Autor, Verlag, Ort und Veröffentlichungsjahr gegeben. Werden in der Quelle fremde Inhalte verarbeitet oder verwendet, müssen diese im Literatur- und Quellenverzeichnis aufgeführt sein. Fehlt eine Angabe zu einer Quelle, beispielsweise des Autors oder des Erscheinungsjahrs, folgt daraus nicht automatisch, dass die Quelle nicht zitierfähig ist. Entscheidend ist, dass so viele Angaben gemacht werden wie erforderlich sind, damit eine Quelle eindeutig identifiziert werden kann.

Ist bei einer Quelle die Zitierfähigkeit gegeben, muss nun deren Zitierwürdigkeit analysiert werden. Hier wird zwischen Publikumsliteratur und Fachliteratur unterschieden. Tageszeitungen sowie nicht-wissenschaftliche Fachzeitschriften sind wenig zitierwürdig, obwohl die Quelle sich mit dem wissenschaftlichen Thema auseinandersetzt. Solch eine Publikation wird als populärwissenschaftlich bezeichnet und finden in wissenschaftlichen Arbeiten keine Beachtung.[1] Ein weiterer Ansatz, um die Zitierwürdigkeit zu prüfen, ist die Betrachtung des Autors und des Verlages. Ist der Autor beispielsweise ein vielzitierter oder hochangesehener Wissenschaftler, kann eine Quelle, trotz fehlender Zitierfähigkeit auch zitierwürdig sein. Selbiges gilt für wissenschaftliche Zeitschriften oder einen wissenschaftlichen Verlag.

---

[1] Vgl. Balzert, Helmut / Schäfer, Christian / Schröder, Marion / Kern, Uwe (2008), Seite 76 ff.

Eine Möglichkeit Fachzeitschriften auf wissenschaftliche Qualität zu überprüfen gibt der Verband der Hochschullehrer für Betriebswirtschaft. Der Verband der Hochschullehrer für Betriebswirtschaft ist ein eingetragener, gemeinnütziger Verein und dient der Entwicklung der Betriebswirtschaftslehre als Universitätsdisziplin.[2] Im Jahr 2015 haben über 1.100 Mitglieder haben insgesamt 64.113 Bewertungen von Zeitschriften vorgenommen. Zur Bewertung standen 934 Zeitschriften. 651 dieser Zeitschriften haben den Schwellenwert von 25 Bewertungen überschritten und dadurch eine Wertung auf deren wissenschaftliche Qualität erhalten.[3]

2.3 Analyse der unter Kapitel 2.1 aufgeführten Quellen

Im folgenden Kapitel wird eine Analyse der Quellen aus Kapitel 2.1 anhand der Bewertungskriterien von Kapitel 2.2 vorgenommen.

Quelle 1: Bernroider, E. (2002): Die genannte Literatur wurde im European Management Journal veröffentlicht, jedoch sind die Quellen und Verweise nicht in der Fußnote, sondern lediglich im Quellenverzeichnis aufgeführt. Das European Management Journal wurde vom Verband der Hochschullehrer für Betriebswirtschaft im Jourqual3 mit der Note B bewertet.[4] Durch diese Bewertung gilt das Journal als wichtige und angesehene wissenschaftliche Fachzeitschrift für Betriebswirtschaftslehre. Zudem ist Prof. Dr. Edward Bernroider ein angesehener Wirtschaftswissenschaftler und hat an diversen Büchern und wissenschaftlichen Artikeln mitgeschrieben und veröffentlicht.[5] Aus den genannten Gründen ist diese Quelle, trotz fehlender Fußnoten, zitierwürdig und eine geeignete Quelle für eine wissenschaftliche Arbeit.

Quelle 2: Decker, R. (2007): Die genannte Literatur wurde über den Schäffer-Poeschel Verlag veröffentlicht, jedoch sind die Quellen und Verweise nicht in der Fußnote, sondern lediglich im Quellenverzeichnis aufgeführt. Der Autor Prof. Dr. Reinhold Decker ist neben seiner Tätigkeit als Dozent für Wirtschaftswissenschaft an der Uni-

---

[2] Vgl. Verband der Hochschullehrer für Betriebswirtschaft, www.vhbonline.org/ueber-uns, abgerufen am 19.05.2018.
[3] Vgl. Verband der Hochschullehrer für Betriebswirtschaft, http://vhbonline.org/vhb4you/jourqual/vhb-jourqual-3/, abgerufen am 19.05.2018.
[4] Vgl. Verband der Hochschullehrer für Betriebswirtschaft, www.vhbonline.org/vhb4you/jourqual/vhb-jourqual-3/teilrating-abwl, abgerufen am 19.05.2018.
[5] Vgl. Wirtschaftsuniversität Wien, www.wu.ac.at/imc/staff/edward-bernroider, abgerufen am 05.06.2018.

versität Bielefeld zusätzlich als Korrektor für renommierte Fachzeitschriften, wie zum Beispiel das Journal of Business Research, tätig.[6] Die Zitierwürdigkeit ist gegeben, da es sich um Fachliteratur handelt. Da der Autor ein prämierter Dozent sowie Gutachter ist und der Verlag Schäffer-Poeschel ein wissenschaftlich angesehener Verlag ist, eignet sich die Quelle trotz fehlender Fußnoten für eine wissenschaftliche Arbeit.

Quelle 3: Hamelau, Nicole (2004): Die Arbeit wurde über den Deutscher Universitätsverlag, nun Springer Verlag, veröffentlicht und gibt die Quellen nachvollziehbar sowie kontrollierbar an. Der Springer Verlag ist ein weltweit führender Wissenschaftsverlag und daher kann die Arbeit als Fachliteratur und in Konsequenz als Zitierwürdig bewertet werden.[7] Da die Arbeit bereits 2004 veröffentlicht wurde, sind nicht mehr alle Inhalte aktuell. Einige der erwähnten Chemie-, Pharma- oder Biotechnologieunternehmen gibt es in der genannten Form, aufgrund von Fusionierungen etc., nicht mehr. So wurde z.B. aus der LION Bioscience AG die SYGNIS Pharma AG.[8] Aus den genannten Gründen ist die Quelle nur teilweise für eine wissenschaftliche Arbeit geeignet.

Quelle 4: Kortmann, Walter (2003): Die Arbeit wurde über Duncker & Humblot veröffentlicht und gibt die Quellen nachvollziehbar sowie kontrollierbar an. Dadurch ist die Zitierfähigkeit gegeben. Duncker & Humbolt ist ein renommierter wissenschaftlicher Verlag mit jährlich über 250 wissenschaftlichen Monographien.[9] So kann das Werk als zitierwürdige Fachliteratur und dadurch als geeignete Quelle für eine wissenschaftliche Arbeit gewertet werden.

Quelle 5: Porter, Michael Eugene (1998): Die Arbeit wurde über The Free Press New York veröffentlicht, jedoch ist keine Quellenangabe vorhanden. Michael Eugene Porter hat mit dieser Arbeit eine ganz neue Methode der Wettbewerbsanalyse entwickelt, daher ist eine Quellenangabe nicht zwingend notwendig. Er ist ein hoch dekorierter Wissenschaftler und gleichzeitig der meist zitierte Professor in Wirtschaft und Bildung auf

---

[6] Universität Bielefeld, www.uni-bielefeld.de/wiwi/marketing/team/mitarbeiter/decker, abgerufen am 05.06.2018.
[7] Springer, www.springer.com/de/ueber-springer, abgerufen am 05.06.2018.
[8] SYGNIS, http://www.sygnis.com/history/?lang=de, abgerufen am 05.06.2018.
[9] Duncker & Humblot, www.duncker-humblot.de/index.php/ueberuns/, abgerufen am 05.06.2018.

dem Gebiet der Wirtschaftswissenschaften.[10] Aus diesem Grund ist die Quelle für eine wissenschaftliche Arbeit geeignet.

Quelle 6: Schawel, C./ Billing, F. (2014): Die genannte Literatur wurde über den Springer Gabler Verlag veröffentlicht, jedoch sind die Quellen und Verweise nicht in der Fußnote, sondern lediglich im Quellenverzeichnis aufgeführt. Es handelt sich um ein praxisbezogenes Werk von Autoren aus der freien Wirtschaft. Beide Autoren sind studiert und jeweils in hohen Positionen im Management tätig. Fabian Billing ist Senior Partner bei McKinsey & Company[11] und Dr. Christian Schawel ist Executive Vice President Vertrieb bei der DHL Paket GmbH.[12] Die endgültige Eignung als zitierwürdige Quelle für wissenschaftliche Arbeiten ist durch den starken Praxisbezug nicht sichergestellt.

Quelle 7: Suchanek, A./ Lin-Hi, N./ Mecke, I. (2018): Die Publikation erfolgte online über das Gabler Wirtschaftslexikon. Quellen werden nicht angegeben und sind daher nicht nachvollziehbar oder kontrollierbar. Dadurch ist diese Publikation nicht zitierfähig und als Konsequenz nicht Zitierwürdig.

Quelle 8: Wehrlin, U. (2012): Die Arbeit wurde über die Akademische Verlagsgemeinschaft München veröffentlicht und gibt die Quellen nachvollziehbar sowie kontrollierbar an. Der Autor Prof. Dr. Dr. Dr. Ulrich Wehrlin arbeitet international unter anderem als Dozent, Unternehmensberater und Lehrbuchautor.[13] Da es sich um Fachliteratur eines wissenschaftlichen Verlages handelt, ist die Zitierwürdigkeit gegeben.[14] Diese Quelle ist aus zuvor genannten Gründen geeignet für eine wissenschaftliche Arbeit.

Quelle 9 – Wikipedia: Da auf Wikipedia jeder Nutzer, unabhängig dessen wissenschaftlichen oder persönlichen Hintergrundes Artikel schreiben und verändern darf, kann die Zitierfähigkeit nicht gewährleistet werden. Aufgrund der fehlenden Zitierfähig-

---

[10] Vgl. Harvard Business School, www.hbs.edu/faculty/Pages/profile.aspx?facId=6532&facInfo=awa, abgerufen 19.05.2018.
[11] McKinsey, https://www.mckinsey.com/our-people/fabian-billing, abgerufen am 05.06.2018.
[12] LinkedIn, https://de.linkedin.com/in/dr-christian-schawel-921a21140, abgerufen am 19.05.2018.
[13] Amazon, https://www.amazon.de/Ulrich-Wehrlin/e/B00H9V3LN6, abgerufen am 05.06.2018.
[14] Akademische Verlagsgemeinschaft München, www.avm-verlag.de/pv?node=verlag.unser verlag, abgerufen am 05.06.2018.

keit ist auch das Kriterium der Zitierwürdigkeit nicht vorhanden. Daher ist Wikipedia als Quelle für eine wissenschaftliche Arbeit nicht geeignet.

Quelle 10 – Wöhe, G. / Döring, U. (2013): Die Arbeit wurde über Verlag Franz Vahlen veröffentlicht, jedoch werden die Quellen nicht in der Fußnote, sondern lediglich im Quellenverzeichnis aufgeführt. Die Zitierwürdigkeit ist gegeben, da es sich hierbei um eine Fachliteratur handelt. Da dies ein Standardwerk für Studenten der Betriebswirtschaftslehre ist und der Verlag Franz Vahlen in Deutschland zu den größten und angesehensten wirtschaftswissenschaftlichen Verlagshäusern gehört, [15] ist diese Quelle, trotz der fehlenden Fußnoten für eine wissenschaftliche Arbeit geeignet.

3 Begriffserklärung

3.1 Definition und Erläuterung des Begriffes Wettbewerb

Nach Günter Wöhe entsteht ein marktwirtschaftlicher Wettbewerb, wenn mindestens zwei Anbieter um die Gunst der Nachfrage durch ein günstiges Preis-Leistungs-Verhältnis werben. Ein Anbieter gewinnt die Gunst der Nachfrager durch die bessere Erfüllung der Kundenwünsche gegenüber der Konkurrenz.[16] Auch unter Konsumenten findet ein Wettbewerb mit dem Bestreben statt, Vorteile im Konsum zu erreichen. Beispiele hierfür sind schnellere Lieferungen, kostenlose Musterstücke oder Sonderrabatte. Wettbewerb kann daher auch als „Treibmittel" eines marktwirtschaftlichen Systems betrachtet werden. Die Konsequenz sind ständig wechselseitige Handlungsimpulse. Durch das Handeln des Einen, ist der Andere gezwungen zu reagieren.[17]

3.2 Definition und Erläuterung des Begriffes Wettbewerbsanalyse

Wettbewerbsanalyse beziehungsweise Konkurrenzanalyse befasst sich mit der systematischen Erhebung und der Auswertung von Daten über Aktionen oder Reaktionen von konkurrierenden Unternehmen. Zusätzlich wird deren Auswirkungen auf den eigenen Markterfolg betrachtet. Sie bedient sich quantitativer und qualitativer Methoden

---

[15] Vahlen, www.vahlen.de/themenseite.aspx?toc=3777&context=5, abgerufen am 05.06.2018.
[16] Vgl. Wöhe, Günter / Döring, Ulrich (2013), Seite 395.
[17] Vgl. Kortmann, Walter (2003), Seite 106.

der Marketingforschung und strategischen Planung. Für Wettbewerbsanalyse ist in der angloamerikanischen Literatur auch der Begriff „Competitive Intelligence" bekannt.[18]

4   Wettbewerbsanalyse in der Praxis

4.1   Ziele der Wettbewerbsanalyse

Competitive Intelligence hat das Ziel eine Entscheidungsgrundlage für zukünftige strategische Maßnahmen zu bilden. Die Daten, deren es für eine genaue Analyse bedarf, müssen legal erstellt werden. Dies erfolgt beispielweise über öffentliche Quellen wie Kunden, Lieferanten, Medien oder Patentdatenbanken. Zusätzlich werden die eigenen, zur Verfügung stehenden, Unternehmensdaten des Controllings verwendet.[19]

Ein bekannter, hochprämierter Wissenschaftler der modernen Wettbewerbsanalyse ist Michael Eugene Porter. Er ist ein US-amerikanischer Professor für Wirtschaftswissenschaft an der renommierten Harvard Business School und ist heute der thematisch meist zitierte Professor in Wirtschaft und Bildung.[20]

Bereits 1985 schrieb er eine Abhandlung mit dem Titel „Competitive Advantage" zum Thema Wettbewerbsanalyse.[21] Dies wird im Kapitel 4.3 genauer betrachtet.

4.2   Instrumente der Wettbewerbsanalyse

Es existieren verschiedenste Verfahren der Wettbewerbsanalyse. Auf folgende Instrumente wird in diesem Kapitel eingegangen: SWOT-Analyse, Five-Forces-Analyse nach Porter, Profiling durch Kontakte in der Branche sowie die Analyse der eigenen und der fremden Produkte (Portfolioanalyse).[22]

SWOT-Analyse

Die SWOT-Analyse zielt darauf ab, die Stärken (Strengths) und Schwächen (Weaknesses) einer Organisation, sowie die Chancen (Opportunities) und Risiken (Threats) in deren Umwelt zu identifizieren. Sind diese identifiziert, werden Strategien entwickelt, die auf den Stärken aufbauen, die Schwächen beseitigen, die Chancen nutzen oder den Bedrohungen entgegenwirken können.

---

[18] Vgl. Decker, Reinhold (2007), Seite 1 ff.
[19] Vgl. Wehrlin, Ulrich (2012), Seite 151 ff.
[20] Vgl. Harvard Business School,
www.hbs.edu/faculty/Pages/profile.aspx?facId=6532&facInfo=awa, abgerufen 19.05.2018.
[21] Vgl. Porter, Michael Eugene (1998)
[22] Vgl. Wehrlin, Ulrich (2012), Seite 272.

Die Stärken und Schwächen können durch eine interne Bewertung analysiert werden. In der internen Bewertung werden die Stärken und Schwächen der Organisation anhand beispielsweise Personal, Standort, Produkte oder Dienstleistungen bewertet. Die Chancen und Risiken werden durch eine externe Bewertung analysiert. In dieser wird das politische, wirtschaftliche, soziale, technologische und wettbewerbliche Umfeld betrachtet, um Chancen und Risiken zu erkennen.[23]

Profiling

„Wettbewerberprofile stellen die Basis für die Beurteilung der Wettbewerberpotenziale dar. Sie dienen auch als Grundlage für die Einschätzung der Wettbewerberintentionen in einer Wettbewerbsarena."[24] Dies lässt sich durch verschiedene Optionen der Darstellung wie zum Beispiel Tabellen, Datenbanken und Graphiken zeigen.[25] „Die daraus folgenden Analysen können erläutert, kommentiert und eingeübt werden. Zu den Analysen zählen bspw.:

- Reaktionsprofile,
- Bedrohungspotenzial,
- Wettbewerberstrategien"[26]

4.3   Eigene Unternehmensbewertung

Five-Forces-Analyse

Nach Michael Eugene Porter gibt es fünf Kräfte, die auf ein Unternehmen einwirken. Diese sind die Zulieferer, Kunden, Ersatzprodukte, potenzielle Mitbewerber sowie bestehende Mitbewerber.[27]

Die Five-Forces-Analyse kann in nahezu jeder Form von Marktumfeldanalyse bezüglich einer Branche, eines Unternehmens, eines Geschäftsfelds oder eines Produktes angewandt werden. Durch Anwendung dieser Elemente ermöglicht die Five-Forces-Analyse eine Einschätzung des aktuellen sowie potenziellen Marktumfeldes.[28]

---

[23] Vgl. Bernroider, Edward (2002)
[24] Wehrlin, Ulrich (2012), Seite 273.
[25] Vgl. Wehrlin, Ulrich (2012), Seite 273.
[26] Wehrlin, Ulrich (2012), Seite 273.
[27] Vgl. Wikipedia, https://de.wikipedia.org/wiki/Wettbewerbsanalyse, abgerufen am 29.05.2018.
[28] Vgl. Schawel, Christian / Billing, Fabian (2014), Seite 107 ff.

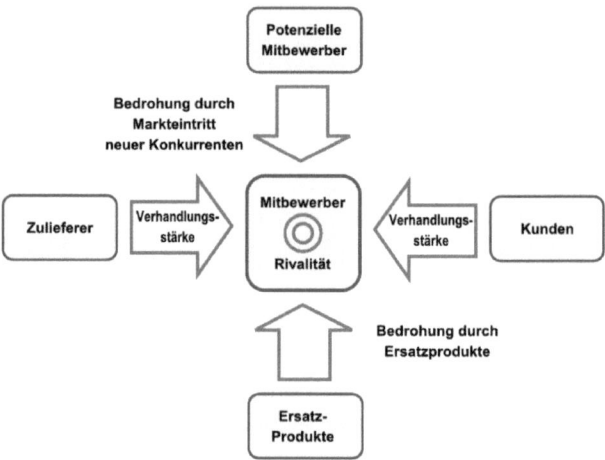

Quelle: Wikipedia [abgerufen am 01.06.2018]

Portfolioanalyse

Das Ziel der Portfolio-Analyse ist eine langfristige Gewinnmaximierung zu erreichen. Um dies möglich zu machen bedarf es einen optimalen Mix aus traditionellen, reifen und innovativen Produkten. Das gängigste Modell hierfür ist die Vier-Felder-Matrix und wurde von der Boston-Consulting-Group entwickelt. Es unterteilt alle Produkte und Geschäftsfelder eines Unternehmens in vier Kategorien: Question-Mark, Stars, Cash Cows und Dogs.

Quelle: https://das-unternehmerhandbuch.de/entscheidungsmethoden-analysemethoden/ [abgerufen am 10.06.2018]

Questions-Marks sind neue Produkte am Markt, deren Zukunft noch ungewiss ist. Aus Management-Sicht sind dies Titel, die einen erhöhten Finanzmittelbedarf haben. Optimalerweise entwickeln sie sich zu Stars und später zu Cash Cows. Im schlechtesten Fall zu Dogs. Sie zeichnen sich aus durch einen niedrigen relativen Markanteil sowie hohem Marktwachstum aus. Erhöht sich der relative Marktanteil, steigt dieses Geschäftsfeld zum Star auf.

Stars sind Geschäftsfelder mit einem hohen Marktwachstum, jedoch muss der selbsterzeugte Cash-Flow wieder reinvestiert werden, um den Ausbau des Marktanteils zu sichern. Sichert sich dieses Geschäftsfeld einen hohen Marktanteil und erzielt Nettoüberschüsse, gilt es als Cash Cow.

Cash Cows sind aus Management-Sicht Selbstläufer und haben einen geringen Reinvestitionsbedarf. Durch niedrige Ausgaben für Marketingaktivitäten, kann ein hoher Netto Cash-Flow erwirtschaftet werden, welcher in anderen Geschäftsfeldern reinvestiert werden kann. Sie zeichnen sich durch einen hohen relativen Markanteil und niedrigen Marktzuwachs aus. Sinkt der Marktanteil weist dieses Geschäftsfeld Anzeichen eines Dogs auf.

Dogs sind aus Management-Sicht strategisch uninteressante Geschäftsfelder mit geringem Cash-Flow. Diese weisen eine negative Zukunftsaussicht und könnten eliminiert werden.[29]

---

[29] Vgl. Wöhe, Günter / Döring, Ulrich (2013), Seite 85 ff.

5 Fazit

Das Suchen und Finden von Quellen ist für wissenschaftliches Arbeiten die Kernherausforderung. Die Quellen auf deren Qualität und deren wissenschaftliche Relevanz zu prüfen Bedarf einiger Forschung. Bewertungskriterien sind in großer Menge vorhanden, jedoch war eine große Herausforderung dieser Arbeit, qualitativ wertige Bewertungskriterien zu definieren, die dennoch den Umfang der Arbeit berücksichtigen. Durch die hier gewählten Kriterien kann jede Quelle auf deren Qualität geprüft werden und in der Konsequenz als potenzielles Grundmaterial wissenschaftlicher Arbeiten ausgeschlossen werden. Mit den aufgeführten Quellen ist es möglich, den Begriff Wettbewerbsanalyse ausreichend zu erklären. Wie in Kapitel 4 erläutert, gibt es viele verschiedene Ansätze, den Wettbewerb zu analysieren. Aufgrund deren Vielzahl kann für jeden Wirtschaftszweig, sowie deren Unternehmungen, die optimale Analyse gefunden werden.

Literaturverzeichnis

Akademische   Verlagsgemeinschaft   München,   https://www.avm-verlag.de/pv?node=verlag.unser verlag, abgerufen am 05.06.2018.

Amazon, https://www.amazon.de/Ulrich-Wehrlin/e/B00H9V3LN6,   abgerufen   am 05.06.2018.

Balzert, Helmut / Schäfer, Christian / Schröder, Marion / Kern, Uwe (2008): Wissenschaftliches Arbeiten – Wissenschaft, Quellen, Artefakte, Organisation, Präsentation, 4. Auflage, W3L-Verlag, Herdecke / Witten.

Bernroider, Edward (2002): Factors in SWOT Analysis Applied to Micro, Small-to-Medium, and Large Software Enterprises: An Austrian Study, in: European Management Journal Vol. 20, No. 5, October 2002.

Das   Unternehmerhandbuch,   https://das-unternehmerhandbuch.de/entscheidungsmethoden-analysemethoden/, abgerufen am 10.06.2018

Decker, Reinhold (2007): Enzyklopädie der Betriebswirtschaftslehre, Band: Handwörterbuch der Betriebswirtschaft - Konkurrenzanalyse, 6. Auflage, Schäffer-Poeschel Verlag, Stuttgart.

Duncker & Humblot, www.duncker-humblot.de/index.php/ueberuns, abgerufen am 05.06.2018.

Hamelau, Nicole (2004): Strategische Wettbewerbsanalyse – Eine konzeptionelle Umsetzung am Beispiel der Spezialchemie, 1. Auflage, Deutscher Universitätsverlag, Wiesbaden.

Harvard   Business   School,   https://www.hbs.edu/faculty/Pages/profile.aspx?facId=6532&facInfo=awa,   abgerufen am 19.05.2018.

Kortmann, Walter (2003): Eine neue Methode für systematische Markt-, Branchen- und Wettbewerbsanalysen, 1. Auflage, Duncker & Humblot, Berlin.

LinkedIn, https://de.linkedin.com/in/dr-christian-schawel-921a21140, abgerufen am 19.05.2018.

McKinsey,   https://www.mckinsey.com/our-people/fabian-billing,   abgerufen   am 05.06.2018.

Porter, Michael Eugene (1998): Competitive Advantage: Creating and Sustaining Superior Performance. [2nd ed.], The Free Press, New York.

Roxin, Jan (1992): Internationale Wettbewerbsanalyse und Wettbewerbsstrategie, 1. Auflage, Gabler Verlag, Wiesbaden.

Schawel, Christian / Billing, Fabian (2014): Top 100 Management Tools - Five-Forces-Modell, Springer Gabler Verlag, 1. Auflage, Wiesbaden.

Schawel, Christian / Billing, Fabian (2014): Top 100 Management Tools - Portfolioanalyse, Springer Gabler Verlag, Wiesbaden.

Springer, www.springer.com/de/ueber-springer, abgerufen am 05.06.2018.

Suchanek, Andreas / Lin-Hi, Nick / Mecke, Ingo (2018): Version von Wettbewerb, https://wirtschaftslexikon.gabler.de/definition/wettbewerb-48719, abgerufen am 19.05.2018.

SYGNIS, http://www.sygnis.com/history/?lang=de, abgerufen am 05.06.2018.

Universität Bielefeld, http://www.uni-bielefeld.de/wiwi/marketing/team/mitarbeiter/decker, abgerufen am 05.06.2018.

Vahlen, http://www.vahlen.de/themenseite.aspx?toc=3777&context=5, abgerufen am 05.06.2018.

Verband der Hochschullehrer für Betriebswirtschaft e.V., www.vhbonline.org/vhb4you/jourqual/vhb-jourqual-3, abgerufen am 19.05.2018.

Verband der Hochschullehrer für Betriebswirtschaft e.V., www.vhbonline.org/ueber-uns/, abgerufen am 19.05.2018.

Verband der Hochschullehrer für Betriebswirtschaft e.V., www.vhbonline.org/vhb4you/jourqual/vhb-jourqual-3/teilrating-abwl, abgerufen am 19.05.2018.

Wehrlin, Ulrich (2012): Competitive Intelligence: Wettbewerbsvorteile sichern durch Optimierung der strategischen Wettbewerbsposition: Wettbewerbsforschung - Umfeld- und Wettbewerbsanalyse – Informations- und Wissensmanagement – Lernprozesse – Strategisches Management, 1. Auflage, AVM – Akademische Verlagsgemeinschaft München, München.

Wikipedia, https://de.wikipedia.org/wiki/Wettbewerbsanalyse, abgerufen am 29.05.2018.

Wirtschaftsuniversität Wien, www.wu.ac.at/imc/staff/edward-bernroider, abgerufen am 05.06.2018.

Wöhe, Günter / Döring, Ulrich (2013): Einführung in die allgemeine Betriebswirtschaftslehre, 25. Auflage, Verlag Franz Vahlen, München 2013.